LES
OEUVRES MILITAIRES
DE S. M. NAPOLÉON III.

LES
OEUVRES MILITAIRES

DE

S. M. NAPOLÉON III

PAR

MARTIN DE BRETTES

Capitaine d'artillerie, Inspecteur des études à l'École polytechnique

AVEC PLANCHES.

PARIS

LIBRAIRIE MILITAIRE, MARITIME ET POLYTECHNIQUE
DE J. CORRÉARD
Libraire-éditeur et libraire-commissionnaire
RUE SAINT-ANDRÉ DES ARTS, 58.

1856

LES
OEUVRES MILITAIRES

DE S. M. NAPOLÉON III.

I

Les talents militaires si variés que l'empereur
Napoléon III a déployés dans diverses circonstances, comme organisateur, artilleur, manœu-
vrier ou stratége, ont frappé d'étonnement non-
seulement le peuple, mais encore un grand nombre
de militaires de tous grades, tant dans l'armée
française que dans les armées étrangères.

Ces connaissances militaires que l'élu de la
France entière applique aujourd'hui au perfectionnement de l'organisation de la puissance militaire
de la patrie, sont le fruit de longues études, de péni-

bles travaux et de profondes méditations. Depuis de
longues années, l'armée a été l'objet des préoccu-
pations de S. M. l'Empereur, dont la perspicacité
(1836) voyait dans l'armée seule la garantie de
l'indépendance des peuples. La guerre d'Orient, si
glorieusement poursuivie depuis deux ans, est
venue confirmer le jugement du capitaine Napoléon Bonaparte.

Quand on aura jeté un simple coup d'œil sur
l'analyse des *OEuvres militaires* à l'exécution des-
quelles Sa Majesté a sacrifié les plus belles années
de sa jeunesse, quand on saura qu'avant d'être
appelé au trône de France par la plus grandiose
manifestation populaire des temps passés et mo-
dernes, le prince Louis–Napoléon a été l'élève du
général Dufour, le plus distingué de tous les officiers généraux de l'armée suisse, a été élève de
l'Ecole militaire de Thoune, a été promu au grade
de capitaine d'artillerie dans l'armée de la confédération, l'on cessera de s'étonner que S. M. l'Empereur soit si profondément initiée aux secrets de
l'art militaire, et que l'armée soit un des principaux objets de la prédilection impériale.

Le premier travail militaire sorti de la plume
impériale est un mémoire publié en 1833, sous le
titre de *Considérations politiques et militaires sur
la Suisse*, dans lequel le prince a tracé un tableau
saisissant des vices de l'organisation militaire de la
Suisse, et a proposé un système qui, tout en étant

conforme aux institutions politiques de la confédération helvétique, est moins coûteux que celui en
usage, et satisfait mieux aux conditions essentielles
d'une forte organisation militaire et de la défense
nationale. Ce projet est appuyé de considérations
qui impliquent une connaissance approfondie des
besoins et des ressources militaires du pays. La
citation de quelques passages en convaincra le lecteur.

« Le système militaire actuel (de la Suisse) est
vieux, car il n'a aucune unité dans les éléments
qui le composent. Les affaires militaires sont con-
fiées à une commission militaire qui ne s'assemble
que deux fois par an. Elle est formée d'officiers
qu'on réélit tous les deux ou trois ans, de sorte
qu'ils ne sont que difficilement au courant des besoins de l'administration, et le président de cette
commission est le président du *vorort*, qui ordinairement n'est pas militaire. Il n'y a pas de loi
générale qui fixe l'âge auquel les jeunes gens
commencent à compter dans les contingents, et le
temps qu'ils doivent servir varie suivant les cantons. Il n'y a pas de chefs reconnus; si la guerre
éclatait, il faudrait les nommer à la hâte et ils
seraient tout à fait étrangers aux troupes qu'ils
seraient appelés à commander. Depuis les chefs de
bataillon et les officiers qui remplissent les fonctions de généraux de brigade et de division, tous
ont le titre de colonel. Le seul élément de l'armée

est le bataillon ; en temps de guerre seulement on les réunit en brigades et en divisions. Tous les officiers jusqu'au grade de colonel sont nommés par les autorités cantonales et ne subissent ordinairement aucun examen. L'instruction est donc très-négligée et ne suit pas la hiérarchie des grades. Les règlements militaires des cantons manquent d'uniformité. Les contingents ne se réunissent que tous les quatre ou cinq ans. L'organisation actuelle n'a pas assez simplifié les grades, les bagages et les voitures.

» Le règlement forme les bataillons sur deux rangs. Il me semble que, surtout pour une armée peu exercée, cet ordre est moins bon que la formation sur trois rangs ; il présente moins de résistance, il est plus flottant, il multiplie les manœuvres pour la formation des carrés ; il offre moins de résistance dans l'attaque, et avec deux rangs on est privé de l'avantage de pouvoir réparer les pertes des premiers par le troisième. Un bataillon sur deux rangs occupe moitié plus d'espace sur son front que s'il était sur trois ; il est difficile de le mouvoir sur un terrain aussi accidenté que l'est celui de la Suisse. L'extension de la ligne de bataille, bien loin d'être un avantage, peut devenir un inconvénient.

» Jusqu'à présent, chaque canton a eu son drapeau ; le nouveau pacte fédéral n'en reconnaît plus qu'un seul, c'est une grande amélioration. »

Après ce tableau des vices de l'état militaire de la Suisse, vient le projet d'organisation destiné à les faire disparaître. « Je vais exposer quelques idées sur l'organisation militaire. Comme malheureusement je n'ai pas eu le bonheur de servir ma patrie, je suis privé de l'expérience que donne la pratique; mais j'appuierai mes théories sur des systèmes adoptés dans d'autres pays étrangers, ou sur les exemples de nos immortelles campagnes, dont la lecture a été ma plus agréable occupation.

» L'organisation que je propose tend à faciliter la réunion des contingents, à habituer les troupes à la fatigue, à simplifier l'administration, les équipages militaires, les grades inutiles et les dépenses en temps de guerre; à obliger les officiers à acquérir une certaine instruction avant d'être nommés.

» ..... Le problème à résoudre pour la Suisse est, premièrement, d'avoir une force imposante qui puisse se réunir le plus tôt possible en cas d'attaque; secondement, que les troupes soient disciplinées sans avoir d'armée ni de cadres permanents; troisièmement, d'établir un système qui, exerçant la population, présente l'organisation la plus économique.

» Dans ce cas, rien ne convient mieux, ce me semble, à la Suisse que de calquer son système, autant que les circonstances le permettent, sur celui de la landwher prussienne; car les Prussiens ont trouvé le moyen d'avoir le plus grand nombre de soldats bien exercés avec le moins de dépense possible.

» Mais il y aura toujours, pour la Suisse, la différence qu'en Prusse la landwher se forme en partie des soldats qui ont passé trois ans dans les régiments, tandis qu'en Suisse la landwher sera l'armée réelle.

» Sans chefs, point d'ensemble. Il faut qu'il n'y ait dans une armée qu'une seule volonté, qu'un seul pouvoir, qui puisse tout à coup réunir les corps détachés; que toutes les divisions partielles se rattachent à des centres communs, qui eux-mêmes dépendent d'une force centrale unique.

» Le pouvoir fédéral devrait donc nommer un état-major permanent, composé d'un général en chef, commandant toutes les troupes fédérales, d'un chef d'état-major, d'un inspecteur d'infanterie, d'un inspecteur de cavalerie, et d'un inspecteur de l'artillerie et du génie. »

L'auteur fixe les attributions du général en chef et de chaque inspecteur, et propose de faire nommer les officiers de tout grade par le pouvoir fédéral.

Dans ce projet, les forces militaires seraient divisées en trois contingents : le premier comprenant les hommes de 20 à 32 ans ; le second ou la réserve, ceux de 32 à 40 ; enfin le troisième ou landsturm, tous les hommes de 17 à 50 ans. L'organisation générale de l'infanterie, de la cavalerie, de l'artillerie et du génie repose sur les bases suivantes :

Le bataillon, fort de 1,000 hommes, serait composé de quatre compagnies. Chaque compagnie serait commandée par un capitaine, secondé par un lieutenant et deux sous-lieutenants. Chaque bataillon, outre son chef, aurait un adjudant faisant fonctions de quartier-maître, un chirurgien, un tambour-major, un fourrier d'état-major et un armurier.

Trois ou quatre bataillons, selon la population des cantons, formeraient un régiment commandé par un colonel. Le dernier bataillon de chaque régiment serait composé de compagnies de carabiniers et de chasseurs.

La cavalerie serait aussi formée en régiments, composés chacun de quatre escadrons. Chaque escadron, de 148 hommes, serait commandé par un capitaine, secondé par deux lieutenants et deux sous-lieutenants.

L'artillerie serait formée en compagnies assez fortes pour servir chacune une batterie de 8 bouches à feu, dont six canons et deux obusiers. Chaque compagnie serait commandée par un capitaine, secondé par trois lieutenants ou sous-lieutenants. Quinze compagnies formeraient une brigade, commandée par un colonel, laquelle formerait trois divisions.

Le génie formerait dix compagnies, dont huit de sapeurs et deux de pontonniers.

L'auteur du projet partage la Suisse en sept divisions militaires, qui pourraient fournir chacune un petit corps d'armée, composé d'infanterie, de cavalerie, d'artillerie et de génie, selon les ressources des cantons qui composent sa circonscription.

Afin de remédier au manque d'écoles militaires pour former des officiers, l'auteur propose que tous les officiers de l'infanterie, de la cavalerie, de l'artillerie et du génie, nommés par le pouvoir fédéral, ne puissent obtenir leurs grades qu'après avoir subi un examen dont toutes les conditions seraient fixées par un programme.

La Suisse a trop peu de ressources pour établir des écoles de théorie militaire ; elle peut, tout au plus, établir des écoles de pratique; mais pour que ces écoles puissent être utiles, il faut que ceux qui les fréquentent soient déjà pourvus d'une certaine instruction. Le seul moyen de s'en assurer est donc d'obliger à des examens sévères : alors ceux qui auront l'ambition de s'élever et de servir leur patrie avec succès acquerront en particulier les connaissances nécessaires pour être admis aux grades.

Ce projet, conclut le prince, procurerait : 1° un million et demi d'économie en temps de guerre ; 2° une force militaire plus importante parce qu'elle serait plus unie et mieux exercée.

Dans l'hypothèse où les dépenses nécessaires

pour le réaliser paraîtraient trop considérables dour la Suisse, le prince en présente un second beaucoup moins dispendieux et qui offre cependant de grands avantages.

« Supposons la Suisse toujours partagée en sept divisions militaires, il y aurait une école centrale où tous les cadres de la milice centrale viendraient s'instruire.

» Chaque année, pendant trois mois, le général en chef rassemblerait les sept chefs de division, les colonels des régiments, un tiers des officiers et sous-officiers de tout le contingent, ce qui porterait leur nombre de 2,800 à 3,000 hommes. Ce petit corps manœuvrerait et ferait tous les exercices nécessaires pendant trois mois consécutifs.

» Les sous-officiers feraient le service de soldats, les officiers celui de sous-officiers, les chefs de division ne feraient réellement que le service des chefs de bataillon.

» Cette réunion de 3,000 hommes aurait un échantillon de toutes les armes, deux bataillons à 1,000 hommes, deux batteries, deux escadrons, une compagnie du génie et une de pontonniers.

» On voit qu'en trois ans tous les officiers et sous-officiers du contingent suisse auraient passé par une instruction assez suivie. Et réunis ainsi pendant trois mois en corps d'armée, ils auraient acquis plus d'expérience et d'instruction qu'ils n'en auraient jamais pu avoir dans leurs cantons

respectifs. Les dépenses pour quatre mois s'élève-
raient seulement à 270,000 francs.

» Les avantages d'une école semblable sont puissants, car la force d'un corps dépend de la bonté
de ses cadres, car ce sont les vrais nerfs de l'armée.»

Le prince-auteur ne se borne pas seulement à
proposer un projet d'organisation militaire propre
à former une bonne armée. Il le complette en déter-
minant les positions qui, eu égard à la topogra-
phie, sont les plus avantageuses pour opérer les
rassemblements de troupes nécessaires à la défense du pays. L'étude approfondie des guerres
de la Révolution, du Consulat et de l'Empire, les
principes généraux d'où l'on peut déduire leurs
principales modulations, ont principalement servi
à déterminer ces points essentiels à la défense de
la Suisse. Les considérations stratégiques condui-
sent l'auteur à fixer trois points principaux, savoir :
Zurich, la Reuss, le St-Gothard.

II

Nous avons d'abord fait connaître le projet d'organisation militaire proposé pour la Suisse, afin de suivre l'ordre chronologique; mais le prince, dont les pensées étaient toujours tournées vers la France, a aussi cherché à résoudre le problème de son organisation militaire en ayant égard à ses institutions sociales, à ses mœurs, à ses besoins, à son rang parmi les puissances de l'Europe. Traiter la question sous le point de vue spécial serait la dénaturer. « En effet, écrit le prince, si l'organisation militaire d'un peuple ne devait pas toujours se plier à sa nature, à sa position politique, à son état social, il ne faudrait pas beaucoup de temps pour trouver le moyen d'avoir une bonne armée, car la question se bornerait à tâcher d'avoir le plus possible de soldats et à les garder le plus longtemps

possible sous les drapeaux... La question est politique plus que militaire. »

Selon le prince le système qui infailliblement
sera adopté par toutes les puissances du continent,
parce qu'il répond aux exigences générale des
peuples, sera celui qui réalisera le mieux la pensée
suivante d'un des généraux qui ont le plus contribué à l'organisation militaire de la Prusse : « Dans
un état bien organisé, on ne devait pas savoir où
commence le soldat et où finit le citoyen. »

Après avoir exposé rapidement l'organisation de
l'armée prussienne, qui aujourd'hui approche le
plus de ce type, le prince pose la conclusion suivante :

« Ainsi donc, le système prussien résout le
problème et matériellement et moralement, car
non-seulement sous le rapport militaire cette organisation est avantageuse ; mais encore sous le
rapport philosophique elle mérite d'être admi-
rée, puisqu'elle détruit toute barrière entre le
citoyen et le soldat et qu'elle élève le sentiment
de chaque homme en lui faisant comprendre que
la défense de la patrie est son premier devoir. »

Le prince tenant compte des besoins et des ten-
dances différentes en Prusse et en France, y a égard
dans les modifications qu'il fait subir au système
prussien pour le rendre applicable à la France.

« Nous ne proposerons pas, comme en Prusse,
écrit-il, d'établir pour la troupe un recrutement
par provinces, parce que nous croyons que ce sys-

tème peut entraîner en temps de guerre de grands inconvénients. Mais nous voudrions élever la garde nationale au rang de l'armée, afin que, semblable à l'armée, la garde nationale fût pendant la paix la gardienne du feu sacré, et pendant la guerre l'espoir et l'appui de la patrie.

» En temps ordinaire, l'armée n'aurait que deux cents mille hommes sous les armes; elle serait composée de jeunes gens de vingt à vingt-six ans; ils resteraient donc six ans sous les drapeaux; à leur sortie des rangs de l'armée active, ils compteraient encore quatre ans dans la réserve, qui serait le premier ban de la garde nationale; c'est-à-dire que pendant la guerre ils seraient obligés de rejoindre leur corps, et que pendant la paix ils feraient partie de la garde nationale.

» Ce premier ban se composerait donc de tous les hommes de vingt à vingt six ans des classes de conscription qui n'auraient pas été mises en activité et de tous les hommes de vingt-six à trente ans; il serait exercé deux fois par an pendant un mois.

» Le second ban se composerait de tous les hommes de trente à quarante ans; le troisième ban, de tous ceux de quarante à soixante.

De ces trois bans de la garde nationale, le premier seul, qu'il faudrait considérer comme la réserve de l'armée, aurait ses états-majors permanents, et les officiers les plus recommandables par leur ancienneté et leurs services en seraient les chefs etles instructeurs.

» Le second ban de la garde nationale n'aurait pas de cadres permanents ; les officiers seraient élus par leurs concitoyens ; ce second ban ne serait tenu qu'à une revue tous les trois mois.

» Le troisième ban de la garde nationale n'existerait que sur le papier.

» La France (cette idée est consignée dans les mémoires de l'Empereur) serait divisée en trente-trois arrondissements militaires, ce qui ferait un million de population par arrondissement militaire (1840); chaque arrondissement formerait une division militaire de la garde nationale, qui, organisée en brigades et en divisions, aurait son quartier général au chef-lieu de l'arrondissement.

» La France pourrait ainsi compter plus de 1,200,000 hommes exercés, capables de suffire à toutes les exigences des événements les plus compliqués. Les avantages de ce système seraient immenses. Nous avons une grande et belle armée, qui ferait encore des prodiges si elle était de nouveau appelée à de glorieux travaux; mais le reste de la nation n'est pas organisé militairement. La garde nationale ne rendrait que de faibles services en cas d'invasion ; son organisation n'a rien de commun avec celle de l'armée... Des hommes qui n'ont jamais supporté les privations des soldats et qui n'ont pas acquis l'instruction des officiers, sont nommés généraux, et empruntent aux défenseurs de la patrie ces signes honorés qui sont la juste récompense de vingt ans de dangers, de misères et de privations de toute espèce.

» Cette confusion de titres et d'honneurs engendre naturellement la rivalité. Dans notre projet, au contraire, toute rivalité cesserait, car la garde nationale et l'armée seraient confondues dans une seule et même organisation. En nommant aux grades élevés les anciens militaires que l'âge aurait rendus moins propres à un poste actif, on obtiendrait l'avantage immense d'employer les débris glorieux, et de donner plus d'avancement à la jeunesse.

» En résumé, l'organisation que nous proposons offrirait des avantages : 1° Sous le rapport économique, puisque de ces 1,200,000 hommes, il n'y en aurait que 200,000 enlevés à l'agriculture ; 2° sous le rapport moral, puisqu'elle ferait disparaître toute rivalité entre la garde nationale et l'armée, et répandrait l'esprit militaire dans toute la nation ; 3° sous le rapport gouvernemental, puisqu'elle emploierait toutes les capacités militaires, les vieilles comme les jeunes gloires.

» Mais, quand même tous ces avantages ne seraient pas consacrés par ce projet, nous dirions encore qu'il faudrait l'adopter ou en adopter un équivalent, par la seule et unique raison qu'organisée de là sorte, la France serait à l'abri de toute

invasion pourrait défier l'univers, et répéter avec
plus de justesse ce mot des fiers Gaulois : « *Si le
ciel venait a tomber, nous le soutiendrions sur le fer
de nos lances.* »

Ce projet d'organisation, dont la réalisation assurerait évidemment à la France une puissante force militaire, surtout pour la défense du sol national, a pour principe l'idée éminemment heureuse de l'union de l'armée avec la garde nationale, en donnant à celle-ci des cadres tirés de la première.

Sans doute l'exécution générale du projet dont la conception remonte à plus de quinze ans, éprouverait des difficultés si elle avait lieu d'après cet aperçu général. Sans doute quelques prescriptions réglementaires, telles que celle qui prescrit pour le premier ban des exercices semestriels chacun d'un mois de durée, sont opposées à nos habitudes, et nuiraient aux intérêts particuliers de ceux qui composent ce ban, qui se livreraient en général aux sciences, aux carrières adminitratives et judiciaires, au commerce, à l'industrie et à l'agriculture; mais il ne faut pas oublier que cette prescription n'a rien d'absolu; c'est un moyen d'atteindre le but qui peut être remplacé par un autre que l'étude approfondie des besoins généraux ferait surgir, lequel satisferait à la fois aux intérêts particuliers et généraux.

Mais ce qui est essentiel dans ce projet, c'est le principe de l'union de la garde nationale et de l'armée par la communauté des cadres. C'est le principe fécond d'où découlera probablement l'organisation militaire de la France, lorsque les graves événements qui troublent la paix de l'Europe le permettront.

Après avoir montré que l'empereur Napoléon III, s'est sérieusement occupé de l'organisation des armées depuis plus de vingt ans, nous allons faire voir que depuis de longues années S. M. est versée dans tous les détails de la science encyclopédique de l'artillerie.

III.

Le premier ouvrage exclusivement militaire de
S. M. a été publié en 1836, pendant son exil. Ce
livre, publié sous le titre modeste de : *Manuel d'artillerie à l'usage des officiers d'artillerie de la république
helvétique,* est dédié aux officiers de l'école d'application de Thoune, comme un souvenir qui doit leur
être bien précieux. La rareté de ce livre nous en-
gage à en reproduire la dédicace datée d'Arenem-
berg, le 17 octobre 1855 : « Je dédie cet ouvrage
aux officiers de l'école d'application de Thoune,
comme souvenir du temps que nous avons passé
ensemble. En coordonnant les connaissances indis-
pensables à un officier d'artillerie, mon but a été
de contribuer pour ma part à faciliter et à répan-
dre une étude nécessaire, et de prouver ainsi mon
attachement au pays qui, dans mon exil, a bien
voulu m'honorer du droit de bourgeoisie.

» L'artillerie, en effet, est l'âme d'une armée, et l'armée c'est le garant de l'indépendance de la patrie, le soutien de son honneur, la garde du feu sacré. Dans l'état incomplet de la société actuelle, puisque c'est encore la force des armées qui décide du sort des nations, il faut être soldat avant d'être citoyen, et plus est grand le trésor de liberté amassé par un peuple, plus il doit surveiller avec persévérance l'emploi des forces qui en assurent la possession.

» Le sort m'a refusé jusqu'a présent le bonheur de servir ma patrie, mais il me reste du moins la consolation d'être citoyen d'un pays qui a su conquérir son indépendance et conserver sa liberté, et d'ailleurs les destinées de toutes les nations civilisées sont si étroitement liées ensemble, qu'être utile à un peuple libre, c'est encore servir la France. »

Ce manuel, publié avant l'*Aide-mémoire des officiers d'artillerie* de l'armée française, qui renferme le résumé des connaissances polytechniques que doit posséder un bon officier d'artillerie, est le résultat de plusieurs années de recherches et de veilles pour coordonner les documents nombreux et variés, qui ont été réunis par un travail de bénédictin.

Nous ne pouvons mieux faire, pour donner une idée exacte des difficultés que présentait l'exécution d'un pareil travail, que de rapporter l'opinion de Dantoni, l'un des plus savants professeurs d'artillerie du siècle dernier :

« C'est une entreprise rude et ingrate que la confection d'un manuel : à mesure que la rédaction s'achève, le travail des érudits et des praticiens le rendent incomplet; pendant l'impression même, la science a marché et l'ouvrage a vieilli avant de paraître; un dictionnaire et un manuel ne peuvent jamais être achevés. A cette perspective sans bornes vient se joindre l'idée la plus décourageante pour un auteur. Ne veut-il dire que ce qui est connu ? l'épithète de compilateur flétrit sa couronne. Veut-il, homme d'avenir, introduire dans son livre des vues nouvelles, des procédés inusités? il n'est plus compris et approuvé; quelques exemplaires de son œuvre sortiront seuls de chez le libraire pour aller prendre place à côté des recueils scientifiques. Cependant il faut de ces manuels pour rendre les arts et les sciences plus utiles.

» Quand on veut appliquer ces réflexions à l'artillerie, à cette branche de l'art militaire qui se nourrit et de l'expérience des champs de bataille et de la tactique de toutes les armes; de l'étude des parties physiques et mathématiques les plus élevées de la connaissance des arts qui emploient en grand la pierre, le bois et les métaux, on se sent effrayé de la grandeur de l'entreprise. Ici point de milieu : vingt volumes in-8° suffiront à peine au recueil des tracés complets sur chacune des parties de l'artillerie, peu d'auteurs ont osé entreprendre cette besogne, tous sont restés incomplets; ou bien il faut se borner à un abrégé succinct, passer en revue les connaissances de l'artilleur, n'offrir qu'un squelette, en laissant aux hommes spéciaux le soin de traiter et d'illustrer chaque partie. Ce travail est encore éminemment utile : s'il ne crée pas des artilleurs, il leur rappelle l'étendue de leurs devoirs, il les empêche de rester dans une ignorance complète sur quelque branche du métier. »

Telle a été la tâche que s'est volontairement imposée le prince Louis-Napoléon Bonaparte.

L'exposé sommaire des principaux sujets traités dans ce livre sera une preuve irrécusable de la variété des connaissances de l'auteur et de l'énergique volonté qu'il a déployée pour résister au découragement avant d'avoir atteint son but. Il fallait que la foi dans l'étoile des Bonaparte soutînt le jeune capitaine d'artillerie!

Le manuel est précédé d'un *précis historique* très-intéressant sur l'artillerie depuis l'invention de la poudre jusqu'à nos jours. L'auteur y trace, d'un style clair et concis, un tableau des modifications successives que cette arme a éprouvées, tant dans son matériel que dans son emploi à la guerre, sous l'influence des circonstances et des hommes de guerre qui savaient tirer partie de cette force nouvelle mise à la disposition de leur génie.

Le *précis historique* se termine par un examen

du système de l'artillerie adopté en France en 1829 ; du système du général bavarois Zoller ; des canons obusiers Paixhans, et de plusieurs inventions telles que les affûts en fer, les armes à vapeur, etc.

Cette revue du passé et du présent de l'artillerie a pour corollaire les idées de l'auteur sur les améliorations à introduire dans cette arme. Elles sont formulées dans la citation suivante :

« Quoique les plus grands géomètres se soient
» occupés du problème balistique, il serait pour-
» tant à désirer, pour la partie théorique de l'arme,
» qu'on s'occupât d'un moyen facile et exact de
» mesurer la vitesse initiale du projectile, c'est-à-
» dire d'un moyen plus simple que le pendule
» balistique et plus exact que la machine à rota-
» tion inventée par le colonel Grobert.

» Les belles expériences de Hutton ont besoin
» d'être refaites en grand avec cet esprit de clarté
» qui caractérise les mathématiciens français (1). Il
» serait à désirer qu'on fît des essais définitifs sur
» l'angle de réflexion, ceux de Scharnost n'étant
» pas satisfaisants.

» Les effets produits par les différentes qualités
» de la poudre méritent d'être encore mieux étu-
» diés.

(1) Ce désir a été réalisé par la Commission permanente instituée à Metz pour l'établissement des principes du tir.

» Un des plus grands avantages à obtenir pour
» le matériel serait de pouvoir se servir de pièces
» en fer, ou d'améliorer l'alliage des bouches à
» feu, afin d'en augmenter la durée. Alléger les
» bouches à feu et par une disposition mécanique
» diminuer le recul, serait encore une grande amé-
» lioration,

» L'essor que prennent les sciences et les arts fait
» espérer que l'arme de l'artillerie fera encore
» de rapides progrès, les travaux que les hom-
» mes distingués que ce corps renferme dans
» tous les pays tendant tous à amener des amélio-
» rations heureuses ; je dis heureuses, parce qu'il
» est prouvé que plus les moyens de destruction se
» perfectionnent, moins les guerres sont meurtriè-
» res ; et même si ces moyens pouvaient atteindre
» un degré que notre imagination seule peut nous
» faire entrevoir, les hommes, malgré leurs pas-
» sions, seraient obligés de rester en paix et l'hu-
» manité serait satisfaite, puisqu'il y a des hommes
» pour lesquels la vie est le plus grand des biens ! »
L'auteur entre ensuite en matière.

L'artillerie de campagne est le premier objet
dont il s'occupe. L'organisation du personnel et
du matériel, le service des bouches à feu de bataille,
l'école du canonnier conducteur, les manœuvres de
batteries, les évolutions de batteries, les manœuvres de force des bouches à feu de bataille, la tac-

tique de l'artillerie, passent successivement sous les yeux du lecteur.

La théorie du tir des bouches à feu a été exposée avec détail. L'auteur décrit les moyens de calculer la vitesse initiale des projectiles dans le vide et dans l'air, et donne ensuite la solution des principaux problèmes de balistique, tels que : *Connaissant la vitesse initiale d'un projectile et sa direction, trouver sa vitesse en un point quelconque de sa trajectoire, la durée du trajet, la portée ; déterminer la charge nécessaire pour que la vitesse d'arrivée d'un projectile soit égale à une vitesse donnée ; connaissant la charge et la distance, déterminer la hausse, etc.* L'auteur donne des exemples numériques de ces problèmes importants et de plusieurs autres que le défaut d'espace nous oblige de passer sous silence.

Le tir à ricochet, celui des mortiers sont aussi l'objet de considérations theoriques et d'applications numériques.

L'auteur expose et discute ensuite avec soin les causes de la déviation des projectiles dans l'air ; telles que : la densité de l'atmosphère, l'hygrométrie, le vent, l'échauffement de la bouche à feu, l'angle de départ, le recul, la position du centre de gravité du projectile, la qualité de la poudre, etc.

La pratique du tir a été aussi l'objet de l'attention de l'auteur qui en a apprécié toute l'utilité militaire. Rien de ce qui peut contribuer à la perfectionner n'a été omis. Sous ce titre sont compris la théorie et l'usage des hausses ; les procédés de pointage pour le jour et pour la nuit ; l'usage des tables de tir ; les données utiles que présente la probabilité de la justesse et des effets du tir des bouches à feu.

L'artillerie de siége occupe dans le *Manuel* une place proportionnée à son importance. Ainsi on y trouve la description du matériel de l'artillerie de siége et de place, des notions suffisantes sur le service des bouches à feu de siége et de place, leur tir et leurs effets ; les manœuvres de force et de chèvre, la construction des batteries, leurs dispositions diverses, l'emploi de l'artillerie dans l'attaque et la défense des places, etc.

Les artifices de guerre tels que la mèche à canon et à étoupilles, la lance à feu, les fusées de projectiles creux, les incendiaires, forment le sujet d'un intéressant chapitre.

La fortification passagère, qui est du ressort des officiers de toutes armes et dont l'étude fait partie de leur éducation militaire, forme un excellent petit traité dont la place dans le *Manuel* est justifiée non-seulement par l'exemple de Gassendi, mais encore parce que dans la confédération suisse les officiers d'artillerie sont chargés de l'établissement des retranchements de campagne.

L'auteur expose d'abord les principes généraux de la fortification de campagne, le tracé des profils et celui des divers ouvrages, la théorie du défilement et ses applications ; le calcul des remblais et déblais, le calcul de la dimension d'un ouvrage destiné à recevoir un effectif et un armement donnés.

Les mines de guerre, le calcul de la charge des fourneaux surchargés et ordinaires, la mise du feu et le compassement des feux sont clairement exposés, ainsi que la description et l'emploi de fougasses pierrières et à bombes.

Enfin, le Manuel se termine par un grand nombre de renseignements utiles sur la fabrication, la réception des bouches à feu et des projectiles, la réception et la réparation du matériel, affûts, voitures ; sur les bois, les fers, les armes portatives, le cheval, les machines usuelles, les mesures, les poids et monnaies, etc.

Si nous ajoutons que le *Manuel* contient un très-grand nombre de tableaux très-utiles et quarante planches, on pourra juger de combien de travaux, de veilles et de patience il est le fruit.

La méthode suivie pour composer ce *Manuel* est exposée avec tant de clarté et de détail, que le meilleur moyen d'initier le lecteur au plan de l'ouvrage et aux travaux qu'il a nécessités, est de transcrire l'avant-propos et les judicieuses observations qu'il renferme.

« En m'adonnant pendant deux ans à un travail intéressant, mais pénible, mon but à été de présenter dans un abrégé le résumé des connaissances dont un officier ne saurait se passer. Pour accomplir avec quelques chances de sucès la tâche que je m'étais imposée, j'ai dû chercher à puiser aux meilleures sources ; il ne sera donc pas hors de propos de citer ici les ouvrages que j'ai consultés, ou qui m'ont offert plus de renseignements utiles (1).

» Après avoir énuméré les ouvrages précieux qui m'ont servi de guide, je dois dire quelques mots sur la distribution des matières et le mode de rédaction.

» L'organisation du personnel et du matériel est basée sur le nouveau règlement militaire.

» Les manœuvres de pièces sont en grande partie celles adoptées en France par l'instruction provisoire de 1830. L'école du canonnier conducteur est basée sur les projets de règlement de 1827, sauf quelques changements que la manœuvre de batterie et le nouveau matériel ont dû introduire.

» Les manœuvres de batteries sont un composé des manœuvres françaises et de celles que nous avons exécutées à Thoune ; j'en recommande la lecture aux membres de la commission militaire, me flattant de l'espoir qu'ils adopteront les manœuvres que je propose comme un règlement définitif.

» Les évolutions de batteries ont dû être modifiées d'après les manœuvres de batteries, mais l'inversion, inutile dans ces dernières, devait être con-

____

(1) Suit une liste de trente-huit ouvrages français sur l'artillerie, de vingt et un allemands et de quatre anglais.

servée pour une ligne de batteries (1). Il a donc fallu s'attacher plus strictement à l'ancien règlement tout en introduisant de grandes simplifications.

» Les manœuvres de force sont composées en partie d'après la théorie française, en partie d'après celle du major Sinner, en partie d'après la tactique complémentaire du général Decker. Les expériences faites avec le nouveau matériel sur le moyen de remédier aux accidents survenus aux voitures, m'ont permis de présenter les résultats que j'ai obtenus.

» Dans le chapitre de tactique, j'ai hasardé quelques nouvelles définitions pour lesquelles je réclame l'indulgence de mes lecteurs. En présentant dans un cadre resserré les maximes des meilleurs auteurs, j'ai adopté entièrement les idées du major Grevenitz, qui, pénétré des grands exemples des guerres de l'Empire, montre tout l'avantage des grandes masses d'artillerie, et toute la nullité de l'effet produit par quelques batteries dispersées. J'ai pris avec bonheur comme exemple glorieux la bataille de Wagram, où l'artillerie joua un si grand rôle. Enfin on trouvera dans ce chapitre les principes généraux d'après lesquels on doit régler ses mouvements, l'effet du tir, le choix des positions, le devoir des commandants de batteries.

» Il était assez difficile d'établir des règles pour

(1) En France le règlement sur les évolutions de batteries (en juillet 1847), n'a pas conservé les inversions.

le campement de l'artillerie, car même en France, il y a peu de principes établis sur cette partie de l'instruction militaire. J'ai puisé mes renseignements dans *l'Aide-mémoire portatif* et dans l'instruction sur les campements (1). Autrefois le parc était placé au-devant de la troupe, comme on le voit dans Gay de Vernon ; aujourd'hui le contraire a lieu.

» La rédaction de la partie destinée à la théorie du tir offrait bien des difficultés. Ma tâche consistait à présenter dans un résumé rapide les questions principales de la balistique, sans me laisser entraîner dans les hautes considérations mathématiques et sans effrayer, par des calculs trop compliqués, les militaires désireux de s'instruire. C'est cette obligation de m'en tenir à ce qu'il y a de plus simple qui m'a déterminé à reproduire les formules de Lombard. On trouvera d'ailleurs réunis, avant ou après chaque chapitre, les résultats des recherches scientifiques des savants, de sorte qu'en lisant seulement ces résumés on se souviendra des questions les plus importantes. Si le tir dans l'air sous de petits angles ne pouvait donner lieu qu'à des calculs assez simples, il n'en était pas de même du tir du mortier, qui présente des solutions beaucoup plus compliquées (2). J'ai tourné

(1) Une instruction ministérielle du 8 août 1835 a fixé le mode de campement des batteries montées et à cheval.

(2) Depuis la publication du *Manuel*, les expériences

la difficulté en reproduisant une table qui se trouve dans le cahier de balistique du professeur Persy, et au moyen de laquelle on peut, pour le tir des bombes, résoudre les principales questions.

» Le même chapitre renferme aussi les formules du tir à ricochet, ainsi que quelques calculs nouveaux sur la manière de pointer quand l'affût est incliné dans le sens des roues ; sur l'angle d'incidence, sur la quantité dont varie la vitesse avec l'angle de projection. Mais comme beaucoup de personnes doutent de la nécessité de ces calculs et de l'im—portance de la théorie du tir pour la pratique de l'artillerie, je reproduirai pour combattre ce pré-jugé les passages suivants, écrits par les hommes les plus aptes par leurs lumières et leur longue expérience à juger de semblables questions.

Servois, auteur distingué, s'exprime ainsi :

« Des hommes d'ailleurs très-éclairés disent assez souvent avec une sorte d'humeur : « A quoi bon cette balistique scientifique? a-t-on le temps et la volonté de consulter les tables, d'appliquer les formules dans des batteries de siége ou un jour de bataille? » A cela on répond qu'il en est de l'ar-

faites par la commission des principes du tir pour déter-miner les lois de la résistance de l'air opposée aux projec-tiles animés d'une grande vitesse, et les simplifications apportées aux calculs de balistique par le colonel Didion, ont permis de résoudre les problèmes divers de balistique avec promptitude et facilité.

tillerie comme des autres arts. Le praticien obligé de rendre, dans un temps donné, le plus grand nombre de résultats achevés, doit être entièrement dégagé des lisières de la théorie et s'abandonner à la facilité que l'habitude a pu lui procurer. Mais pour acquérir cette habitude, il a dû s'aider dans ses premiers pas des secours de la théorie, s'il a voulu être quelque chose de plus qu'un esclave de la routine. »

» Dans un article sur les épreuves balistiques, imprimé dans le *Journal des armes spéciales*, M. le professeur Roche émet l'opinion suivante :

« Ceux qui pensent que l'on doit former de bonnes tables de tir, donnant les relations des portées aux angles de projection d'après les résultats des épreuves et sans l'emploi des formules balistiques, sont dans une grande erreur. Vingt ans d'épreuves et des milliers d'expériences ne suffiraient pas pour obtenir des résultats satisfaisants. ...... Mais si l'on était obligé de calculer des tables d'après les épreuves de portée, il faudrait encore régulariser les résultats par de bonnes méthodes d'interpolation, et y établir la loi de continuité, comme l'a fait Hutton dans ses calculs de vitesse. Cependant ces tables seraient inexactes et susceptibles de changer à chaque épreuve nouvelle. Elles seraient incommodes, car on ne pourrait les retrouver et les étendre au besoin.

» Rien ne peut donc suppléer à de bonnes formules ; méconnaître cette vérité, ce serait pécher par ignorance ou par mauvaise foi, ce serait nuire au progrès de la science et au bien du service de l'artillerie. »

» On trouve encore dans Grassendi le passage suivant :

« Tous les résultats des épreuves faites pour estimer les effets des armes à feu pour les portées sont vicieux, si l'on ne s'assure pas de la force réelle de la poudre qu'on emploie, de l'angle qu'a le projectile en sortant de l'âme, des différentes résistances qu'il éprouve et de ses déviations ; et comme ces estimations sont souvent impossibles, les résultats fournis par les portées ne sont qu'incertitude ; elles en offrent d'autant plus, que le tir du canon dans les épreuves se rapproche du tir horizontal, parce que les différences même insensibles de niveau dans le terrain, quand le boulet touche la terre, influent sur les portées. »

» Enfin, le professeur Persy confirme l'opinion des auteurs que nous venons de citer par ces mots :

« Le complément de la science de l'artilleur, celle des parties de cette science à laquelle concourent toutes les autres comme à un but unique, c'est l'exécution du tir des différentes armes, dans les divers cas qui peuvent se présenter. Les tables de tir, en dispensant de tout tâtonnement, font économiser le temps et les munitions, deux

choses très-précieuses à la guerre ; elles sont nécessaires pour le tir des mortiers, surtout pour le tir
à ricochet, et c'est à la théorie qu'appartient leur
construction. D'ailleurs la théorie éclaire la pratique, à laquelle, en s'aidant de l'expérience, elle
fournit les principes et les règles qui en assurent
les opérations ; enfin, elle fait prévoir les résultats
d'une construction donnée, ou dirige dans le choix
et dans l'établissement de la construction lorsque
le résultat est connu. On ne saurait donc raison-
nablement révoquer en doute l'utilité de la balistique ou de la théorie du mouvement des projectiles. »

» Dans les chapitres sur la *probabilité du tir*,
sur les effets des bouches à feu et en général dans
tout le courant de l'ouvrage, on verra, presque à
chaque page, que j'invoque la grande autorité de
Scharnhorst : c'est qu'en effet on ne trouve nulle
part autant de renseignements utiles, autant de
résultats scientifiques que dans les ouvrages d'artillerie de ce général. Scharnhorst fut, dit-on,
l'ennemi le plus acharné de Napoléon ; mais, que
m'importe ! honorons la science et le courage partout où ils se trouvent.

» Dans le chapitre : *Pratique du tir*, on trouvera
rassemblées toutes les données dont on a besoin
journellement en campagne pour l'exécution du
tir des bouches feu.

» L'*Aide-mémoire portatif* et le *Mémorial* du

colonel Dufour sur les travaux de guerre, m'ont beaucoup aidé pour la rédaction du chapitre sur la fortification passagère. On trouvera, entr'autres renseignements sur cette partie, une table nouvelle pour les dimensions des coffres à poudre. Les données sur les fougasses-pierrières varient un peu de celles qui se trouvent dans l'*Aide-mémoire*, parce qu'ayant moi-même fait construire beaucoup de ces bouches à feu, j'ai préféré présenter les ré-sultats que j'avais obtenus.

» Le matériel de siége et de place, qu'en Suisse on nomme artillerie de position, n'est pas encore organisé pour le service fédéral ; mais le projet tendant à faire adopter le matériel français, j'ai cru utile et surtout intéressant de décrire le nouveau matériel de siége et de place français, et d'y ajouter les manœuvres adoptées en France pour son service.

» Pour la construction des batteries de siége, j'avais pour me guider bien des ouvrages ; j'ai pré-féré ceux du colonel Lamy, le manuel prussien du général Ravichio de Pétersdorf, et le manuel prussien. En général je me suis appliqué à donner plutôt la description des tracés que celle des détails de construction, car ce n'est jamais dans un livre qu'on apprendra à faire un gabion ou une fascine, tandis qu'on peut très-bien y apprendre les dis-positions générales des ouvrages de fortification. »

L'auteur prend le siége d'Anvers comme exemple

des travaux d'attaque devant une place, la lecture des meilleurs auteurs qui ont écrit sur l'attaque des places fortes, l'ayant convaincu de la difficulté de donner des règles générales qui puissent indiquer d'une manière exacte tous les préparatifs que l'attaque d'une place nécessite. Les données d'après lesquelles on fixe la formation d'un équipage de siége peuvent en effet varier à l'infini......... Quant à la défense des places fortes, elle est traitée plus généralement. Les principes généraux pour soutenir un siége sont précédés par des détails de construction des batteries de place et d'approvisionnement des forteresses.

» L'artifice étant une des parties importantes de la science de l'artillerie, j'ai premièrement donné une analyse de la manière de fabriquer la poudre en Angleterre, d'après des notes que je me suis procurées dans ce pays. Les dissertations du capitaine Moritz Meyer sur l'influence que peut avoir la grosseur des grains de poudre sur le tir est très-intéressante, je l'ai reproduite. Ensuite, l'*Aide-mémoire portatif*, le traité de Ravichio et le règlement suisse m'ont servi pour la confection des artifices de guerre. J'ai terminé le chapitre par une dissertation sur la poudre fulminante, sur les appareils percutants, sur les fusées de guerre et les *shrapnells* anglais.

» La dernière partie est le résultat d'expériences

et de notions utiles recherchées dans une foule
d'ouvrages.

» Quelques données sur l'historique de l'artillerie ne pouvant manquer d'intéresser le lecteur
militaire, je les ai réunies dans le premier chapitre,
en les faisant suivre de quelques réflexions sur les
systèmes d'artillerie.

» Puisse mon ouvrage être utile à ceux aux-
quels je le destine; puissent les hommes de l'art le
regarder avec bienveillance; puisse-t-il enfin prouver à quelques vieux compagnons d'armes de
l'Empereur que les neveux du capitaine d'artillerie
de Toulon n'ont pas dégénéré. »

Ce *Manuel* eut à son apparition un très-grand
succès, l'édition fut rapidement épuisée. Les jour-
naux militaires firent l'éloge de cet ouvrage, éloge
d'autant plus flatteur que l'auteur était alors exilé.
Le passage suivant d'un article publié il y a vingt
ans, en 1836, dans le *Spectateur militaire*, par un
colonel d'artillerie, donnera une idée de l'opinion
des hommes compétents sur le *Manuel*.

« Ce manuel doit être précieux pour les artilleurs
helvétiques, il peut être utile à ceux de tous les
pays...... En général le parallèle entre l'artillerie
française et celle des puissances étrangères, qu'on
retrouve à chaque pas, doit rendre attachante
aux officiers amis du métier, la lecture de ce livre.
Ce n'est pas un petit éloge pour un manuel.

» Il est impossible en le parcourant de ne pas

être frappé des travaux assidus dont il est le fruit. On peut s'en faire une idée par la longue liste des auteurs français, allemands et anglais qui ont été mis à contribution, et cette liste n'est pas un simple catalogue, on retrouve dans le texte les idées et même le texte des auteurs cités. En examinant combien il a fallu d'études et de persévérance pour arriver seul (car même les planches répandues dans le texte ont été dessinées par l'auteur) à produire un livre qui exige des connaissances si variées, et quand on se prend à songer que cet auteur était né sur les marches du trône, on se sent pris d'une certaine admiration pour l'homme qui reçoit ainsi le choc de l'adversité.

Continuez, prince! enrichissez l'artillerie de vos travaux! La science a des lauriers aussi bien que la gloire, et ceux-là ne coûtent rien à l'humanité. »

IV.

Le *Manuel*, dont on a pu juger la valeur par les
citations nombreuses et étendues que nous en avons
faites, le cède beaucoup en importance et en grandeur à une œuvre colossale, véritable encyclopédie
d'artillerie, que Sa Majesté a commencé à publier
en 1846, sous le titre beaucoup trop modeste : *Etudes sur le passé et l'avenir de l'artillerie.*

L'auguste auteur a développé le plan de cet ouvrage dans un avant-propos ou se déploie une
savante érudition et de profondes considérations.
Sa longueur est un obstacle à sa reproduction in -
tégrale ; mais nous en extrairons les passages les
plus propres à donner une idée exacte du but de
l'ouvrage.

« Il y a plus de cinq siècles que les armes à feu
apparurent pour la première fois en Europe.
Depuis cette époque, leur perfectionnement n'a

cessé d'être l'objet du perfectionnement de la science et de la sollicitude des gouvernements.

» Quelle est la série des progrès réalisés jusqu'à nos jours dans l'art de lancer les projectiles au moyen de la poudre?

» Quelle influence ces progrès ont-ils exercée sur l'art de la guerre et sur la société elle-même?

» Par quels moyens ont-ils été obtenus?

» Enfin, quels sont les progrès réalisables dans un avenir prochain?

» Telles sont les questions que je me suis proposées. Le premier volume de mon ouvrage sera consacré aux deux premières; les deux dernières seront traitées chacune dans un volume séparé.

» On ne peut écrire les différentes phases d'un art sans faire en quelque sorte l'histoire de la civilisation; car tout se tient dans le savoir humain, et chacune de ses conquêtes a besoin de toutes les autres.

» Pour donner à l'artillerie une construction conforme aux lois de la mécanique, de la physique, de la chimie, de la métallurgie, de la balistique, il fallait avoir découvert les principes de ces sciences. Pour arriver à introduire dans ce grand attirail de machines, l'uniformité, la simplicité, la régularité, l'ensemble nécessaire, il fallait que les gouvernements eux-mêmes eussent conquis et fondé l'unité cette cause principale et féconde du progrès.

» Les inventions trop au-dessus de leur époque

restent inutiles jusqu'au moment où le niveau des connaissances générales est parvenu à les atteindre. Ainsi, quel avantage pouvait présenter une poudre plus vive et plus puissante, quand le métal des canons ne pouvait pas résister à cette poudre? De quel usage pouvaient être les boulets creux, tant qu'on n'avait pas rendu leur chargement facile, exempt de danger, et leur explosion certaine? A quoi pouvait servir, dans l'attaque des places, le tir à ricochet proposé par des ingénieurs du seizième siècle et employé plus tard avec tant de succès par Vauban, lorsque la fortification, quoique dans l'enfance, offrait moins de lignes ricochables que la fortification actuelle? Comment les essais d'artillerie à cheval, tentés au seizième siècle, pouvaient-ils réussir lorsque les conséquences de la rapidité des mouvements des troupes sur les champs de bataille étaient si peu sentis, que la cavalerie ne chargeait qu'au trot?

» Il existe donc une dépendance mutuelle qui oblige nos inventions à s'appuyer les unes sur les autres, et par conséquent à s'attendre en quelque sorte. Une idée surgit, elle reste à l'état de problème pendant des années, des siècles même, jusqu'à ce qu'enfin des modifications successives lui permettent d'entrer dans le domaine de la pratique. On ne verra pas sans intérêt que depuis plusieurs siècles, selon toute probabilité, la poudre à canon était employée comme artifice avant le jour où fut découverte sa force motrice, et que cette force une fois reconnue, il fallait beaucoup de temps afin de rendre son application facile et générale. C'est que la civilisation ne procède pas par bonds, elle suit une marche plus ou moins prompte, mais régulière et graduée. Il y a filiation dans les idées comme dans les hommes, et les progrès humains ont une généalogie dont on peut suivre les traces à travers les siècles comme on remonte vers la source oubliée des grands fleuves.

» C'est cette généalogie que je me suis appliqué à suivre et à décrire ; et la marche du progrès une fois bien constatée, j'ai cru sans trop de présomption pouvoir, en poursuivant son développement logique, indiquer quelle doit être sa direction future. »

Jetons maintenant un rapide coup d'œil sur le plan d'après lequel les *Etudes sur le passé et l'avenir de l'artillerie* sont ordonnées et doivent être exécutées, on pourra ainsi se convaincre de la grandeur de sa conception.

L'ouvrage entier doit se composer de cinq gros tomes in-4°, enrichis de nombreuses planches dessinées et gravées avec le plus grand soin.

Chaque tome est composé de plusieurs livres comprenant plusieurs chapitres consacrés à des études spéciales.

Le tome Ier, destiné au précis historique de l'influence des armes à feu dans la guerre de campagne, est formé de deux livres. L'un qui embrasse la période de 1328 à 1643, l'autre celle de 1643 jusqu'à nos jours. Ces deux livres présentent la série des transformations subies par l'organisation des armées, leur armement, leur ordonnance, par l'emploi des différentes armes à mesure que l'artillerie se perfectionnait.

Le tome II, destiné au précis historique de l'influence des armes à feu dans la guerre de siége, a une division analogüe à celle du précédent. Il comprend l'historique de la fortification, des procédés d'attaque et de défense, l'étude de l'influence mutuelle de l'artillerie et de la fortification.

Le tome, III consacré à la description technique des progrès et des modifications qu'a subies l'artillerie depuis l'invention de la poudre jusqu'à nos jours est divisé en trois livres. Le premier a pour objet l'origine de la poudre, les divers dosages employés, les divers procédés de fabrication, les méthodes pour mesurer la force de la poudre, la théorie de l'inflammation de la poudre. Le second, relatif aux bouches à feu, les présentera classées par espèces, par matières de fabrication, par époques. Le livre troisième est consacré à la description et à l'emploi des projectiles pleins et creux, de la mitraille, des perdreaux, des boîtes à balles, des projectiles incendiaires, des fusées, etc.

Le tome IV est divisé en six livres qui ont pour objet : le premier, les affûts et voitures, les portecorps et engins pour manœuvres de force et les voitures de munitions; le second, les rechanges; le troisième, le chargement et l'approvisionnement; le quatrième, les attelages; le cinquième, le personnel de l'artillerie; le sixième, les armes à feu considérées sous le rapport de leur longueur, leur calibre, leurs poids, la mise du feu, etc.

Enfin, le tome V doit contenir les considérations de Sa Majesté sur l'avenir de l'artillerie et les améliorations futures qui sont une conséquence logique des progrès faits par l'artillerie depuis 500 ans. Ce tome aura deux livres, dont le premier résumera les progrès survenus pendant cinq siècles dans l'armement des troupes, l'artillerie de campagne, de siége, de place et de côte, et le second contiendra les propositions de l'auteur des *Etudes* sur l'armement des troupes, sur les simplifications du matériel de l'artillerie de campagne, de siége et de place, sur les moyens d'accélérer les brèches, sur les fusées de guerre, etc.

Ce plan grandiose, dont nous donnons seulement l'esquisse des principales dispositions et dont les détails sont groupés et ordonnés de manière à concourir à l'harmonie de l'ensemble sans en compliquer l'ordonnance, atteste de longues études, une connaissance approfondie de l'art militaire et surtout de l'artillerie dont la puissance est encore inconnue (1).

(1) Les paragraphes suivants sont extraits de l'avant-

Si la conception de ce plan exigeait des connaissances aussi vastes que variées, elles étaient encore bien plus nécessaires pour le mettre à exécution. Il fallait encore être doué d'une patience de bénédictin pour compulser les manuscrits, les chroniques du passé, et une foule d'ouvrages reposant en paix depuis des siècles sous un linceul de poussière, afin de dérober à l'oubli de précieux documents qu'il fallait ensuite apprécier et classer selon leur importance. Il fallait avoir une foi bien vive dans son étoile pour vivre ainsi avec les morts, afin de les interroger sur leurs actes et sur leurs opinions dans le but d'obtenir des documents authentiques assez nombreux pour reconstruire le passé et en conclure l'avenir.

Cette œuvre colossale, dont l'exécution aurait eu besoin de l'initiative du gouvernement et des lumières de différentes spécialités, a été entreprise par un seul homme, par le prince Louis-Napoléon Bonaparte.

Nul n'était placé dans des circonstances plus favorables pour réaliser ce projet, car le prince réunissait l'amour du travail les connaissances nécessaires, la fortune et un rang qui partout lui faisait ouvrir les bibliothèques et archives militaires. N'appartenant pendant son long exil à aucun pays,

propos d'une brochure que j'ai publiée en 1851, sous le titre *Coup d'œil sur les* ETUDES DU PASSÉ ET DE L'AVENIR DE L'AR-TILLERIE *du prince Louis-Napoléon.*

à aucune armée, à aucune arme, le prince était ainsi affranchi des préjugés de nationalité, étranger aux mesquines rivalités d'armes, et se trouvait par conséquent dans la position la plus favorable pour juger philosophiquement les progrès accomplis dans l'art militaire chez les différents peuples.

Cette position indépendante permettait aussi à l'auteur des *Etudes sur l'artillerie* de formuler ses appréciations et ses jugements d'après l'observation et la comparaison des faits, sans craindre de froisser la routine et les préjugés, considération qui aurait pu arrêter un officier soumis aux influences hiérarchiques. « Car, disait le maréchal Puységur, quand on est dans les emplois inférieurs et qu'on veut mettre au jour des connaissances qu'on a acquises avec bien du travail, on trouve parmi ses supérieurs nombre de gens qui s'en offensent. La modestie et les égards qu'on doit aux personnes de mérite d'ailleurs élevées en dignité imposent silence ; ceux qui voudraient le rompre ne s'en trouvent pas bien, c'est ce que plusieurs ont éprouvé et qui dégoute les autres de communiquer des lumières qui pourraient être utiles. Il en résulte que les anciens usages subsistent toujours. »

Les écrivains qui tracent l'histoire d'une des branches des connaissances humaines, négligent fréquemment, surtout de nos jours, non-seulement les preuves justificatives de leurs jugements; mais le plus souvent même la citation des sources où ils ont puisé les documents qui ont servi à former les canevas de leurs ouvrages.

Comme le prince Louis-Napoléon voulait écrire, non pas un roman, mais une histoire réelle, véridique et consciencieuse de l'artillerie, il a procédé tout autrement. Non-seulement le prince a cité les sources nombreuses où il a puisé les documents mis en œuvre, mais encore il a appuyé tout ce qu'il avance par de nombreuses citations, quand l'importance des questions le demande, afin de fournir au lecteur les moyens de vérifier ses jugements et de provoquer des interprétations plus favorables et plus conformes aux faits, s'il était possible.

Ainsi, ce n'est pas l'auteur des *Études sur l'artillerie* qui impose ses propres jugements au lecteur; mais il évoque les illustres morts de tous les temps passés, autant que possible ceux qui ont tenu l'épée et la plume, les fait comparaître pour raconter au lecteur leurs actes et ceux dont ils ont été témoins; de sorte que celui-ci peut lui-même comparer les faits et conclure.

L'œuvre magnifique dont le prince Louis-Napoléon Bonaparte a tracé le plan et dont l'exécution est commencée depuis plus de dix ans est malheureusement loin d'être terminée. Deux livres seulement ont vu le jour, l'un en 1846, l'autre en 1851.

Le premier, qui traite de l'influence des armes à
feu dans la guerre de campagne, embrasse la période 1328-1643. Cette période a été partagée
en quatre époques formant chacune l'objet d'un
chapitre particulier. La première s'étend de 1328
à 1461 ; la deuxième, de 1461 à 1515 ; la troisième,
de 1515 à 1589 ; la quatrième de 1589 à 1643.

Cette division en époques n'est pas arbitraire,
car chacune est caractérisée par un progrès de l'artillerie. Une artillerie grossière, servant généralement comme obstacle, caractérise la première époque. Une artillerie grandement perfectionnée par
l'invention des boulets en fer, des affûts à roue et
des tourillons, mais toujours employée à la défense, signale la seconde ; la troisième est distin-
guée par la simplification de l'artillerie ; cette arme
est presque exclusivement employée dans la défensive, mais elle est aussi employée pendant le cours
des batailles. Enfin, la quatrième est remarquable
par la création d'une artillerie de campagne mar-
chant et combattant avec les troupes, propre égale-
ment à la défensive et à l'attaque dans les batailles.

Dans chaque chapitre l'auteur s'occupe de l'infanterie, de la cavalerie, de l'artillerie, de l'ordonnance des troupes, des ordres de bataille, et cher-
che, par de nombreux exemples judicieusement
choisis parmi les batailles les plus remarquables, à
déterminer le rôle de chaque arme en particulier
et son influence sur le sort des combats. Mais ce

sont surtout les effets de l'artillerie et leurs conséquences qui font l'objet principal de ses études.

« Après avoir constaté les faits relatifs à l'artillerie de campagne, j'ai cherché, dit le prince, à re-
monter aux causes de transformations si diverses et
si nombreuses qu'on lui a trop exclusivement attri-
buées. J'explique pourquoi les hommes d'armes,
qui, montés sur leurs grands chevaux bardés de fer
comme eux, régnèrent si longtemps en maîtres sur
les champs de bataille, furent obligés de se faire
infanterie et de combattre à pied pendant plus
de 150 ans ; pourquoi ils remontèrent à cheval ;
pourquoi ils quittèrent la lance afin de prendre
des armes à feu avec plus d'empressement que l'infanterie ; pourquoi cette cavalerie abandonna l'ordre mince pour l'ordre profond et revint à l'ordre
mince. J'explique pourquoi l'infanterie, assez com-
pacte au quatorze siècle, se disposa bientôt en lignes
sans profondeur, pour adopter ensuite dès la fin du
quinzième siècle un ordre profond, qui à partir
du seizième a été en diminuant jusqu'à nos jours ;
pourquoi enfin elle abandonna l'arc, la pique,
l'arquebuse, le mousquet, jusqu'à l'adoption du
fusil à baïonnette qui lui permit d'être à la fois
arme de jet et de choc.

» Les causes de tous ces changements sont inté-
ressantes à approfondir, parce que cette investiga-
tion prouve toujours qu'elle était, aux différentes
époques, l'élément prédominant dans les batailles,

car l'organisation des armées n'a jamais été le résultat d'une théorie préconçue d'une manière plus ou moins scientifique, mais la conséquence forcée des nécessités qui dans le moment se faisaient impérieusement sentir. »

Le deuxième, volume publié en 1851, a pour objet, comme nous l'avons dit, la guerre de siége pendant la période 1328-1643. Dans ce volume qui procède de son aîné, ce sont encore les chroniqueurs contemporains qui décriront l'emploi progressif de l'artillerie dans les siéges, son influence sur l'attaque et la défense des places, ainsi que la révolution lente et progressive opérée dans la fortification toute-puissante, lorsque le canon, brisant la couronne de créneaux et de mâchicoulis placée sur les tours et les murailles depuis tant de siècles, démontrera brutalement l'insuffisance des vieilles forteresses.

Le savant, l'archéologue et l'historien trouveront dans ce volume de précieuses données sur la fortification, les machines de jet et la guerre de siége au moyen âge. Ils verront comment l'auteur des *Etudes* éclaircit, par des textes précis, la question si obscure des machines de jet avant l'invention de la poudre, et prouve qu'elles différaient complétement de celles des anciens.

L'ordonnance du tableau de la guerre de siége est analogue à celle qui a été suivie pour le premier volume. Ainsi, la période 1328-1343 a été divisée en quatre époques, caractérisées chacune par une découverte importante ou un progrès notable sur le passé.

La première époque, 1328-1461, pendant laquelle on voit les bombardes apparaître dans les siéges, a pour caractère *la supériorité de la défense sur l'attaque des places.*

La seconde, 1461-1515, où l'usage du boulet en fer se généralisa, est remarquable *par la prédominance de l'attaque sur la défense.*

La troisième, 1515-1589, pendant laquelle les perfectionnements de l'artillerie rendent l'attaque si supérieure à la défense, que les places ne peuvent plus résister aux armes assiégeantes, est caractérisée par *une révolution complète dans la fortification des places.*

Enfin la quatrième, 1589-1643, pendant laquelle l'artillerie de siége s'enrichit d'un nouveau moyen d'attaque par l'invention des bombes, se distingue *par le rétablissement sinon par la supériorité de la défense sur l'attaque des places.*

Pendant ces époques ce sont toujours les mêmes sujets qui se représentent, mais modifiés dans le temps. On voit toujours en effet deux puissantes rivales, l'artillerie et la fortification, chercher à dominer dans les opérations de la guerre de siége et y jouer tour à tour le principal rôle.

C'est cette lutte féconde en inventions utiles, ce sont les modifications qui en résultent dans la guerre de siége, que l'auguste auteur des *Etudes sur le passé et l'avenir de l'artillerie* a reproduites dans un tableau brillamment coloré.

L'histoire de l'artillerie de campagne a été séparée dès l'origine de celle de l'artillerie de siége, et avec intention, quoique la séparation de ces deux artilleries date seulement de la fin du xviii⁰ siècle. « C'est que les progrès de l'artillerie, dit le prince, furent très-rapides dans la guerre de siége, et son influence souvent souveraine, tandis qu'au contraire, sur les champs de bataille, une foule d'éléments agirent avec elle sur l'armement, sur l'ordonnance et les mouvements des troupes. »

Enfin, le savant auteur des *Etudes sur le passé et l'avenir de l'artillerie* rectifie par des documents authentiques plusieurs erreurs ou préjugés admis par les érudits et les historiens militaires. Il démontre que « l'artillerie, loin d'être à son origine l'arme exclusive de la royauté, a au contraire appartenu d'abord aux villes et aux châteaux, parce qu'au xvi⁰ siècle les villes et les châteaux étaient plus puissants que les rois.

» L'aversion de la chevalerie pour les armes à feu, admise généralement par les historiens, d'après deux passages des mémoires de Bayard et de Montluc, est sans fondement, car « Bayard dirigea lui-même l'artillerie sur le champ de bataille de Ravennes et de Marignan, et Montluc contribua à faire abandonner l'arbalète par l'infanterie pour prendre les armes à feu portatives... Enfin Montluc déclare, livre v de ses mémoires, que dans toutes les expéditions militaires il se plaçait toujours auprès des canons. »

Dans un grand nombre d'ouvrages, l'abandon des armes défensives est principalement attribué aux armes à feu. La difficulté de se procurer des armures en grand nombre, et le besoin de rendre l'infanterie plus mobile ont seuls produit ce changement partiel. Le prince montre en effet que « les hommes de guerre au moyen âge ne pouvaient se procurer qu'avec peine des armures entières; la cavalerie allemande, d'après Machiavel, n'en avait jamais de complètes. Si l'homme d'armes était suivi de six ou de sept satellites, lui seul était entièrement couvert de fer; sous Louis XII, Guicciardin nous apprend que le roi appelait une grande armée celle où l'on comptait 1600 lances ou hommes d'armes, tandis que de nos jours nous avons vu sur un champ de bataille 8,000 cuirassiers..... L'armure de fer, sauf quelques exceptions, a donc toujours été le propre de la grosse cavalerie, et cela n'a pas encore changé. »

Quelque incomplète que soit l'esquisse que nous avons tracée des *Etudes sur le passé et l'avenir de l'artillerie*, elle suffira probablement pour donner au lecteur une idée de l'ordonnance générale de l'œuvre, et lui faire désirer, avec tous les artilleurs, de voir s'achever, sous le règne de l'Empereur

Napoléon III ce magnifique monument, dont
l'artillerie doit le plan au capitaine Louis-Napoléon Bonaparte, qui a inscrit au frontispice ces
paroles mémorables : « Pour entreprendre une
œuvre de si longue haleine, il me fallait un puissant
mobile ; ce mobile, c'est l'amour de l'étude et de la
vérité historique. J'adresse donc mon ouvrage à
tous ceux qui aiment les sciences et l'histoire, ces
guides dans la prospérité, ces consolateurs dans la
mauvaise fortune. »

V.

Canon-obusier de 12, système de Napoléon III.

S. M. l'empereur Napoléon III, qui a profondément médité sur les modifications successives de
l'artillerie et cherché à en découvrir les causes à
travers les siècles, comme le montrent les *Études
sur le passé et l'avenir de l'artillerie*, a proposé, dès
la fin de 1849, un nouveau système d'artillerie de
campagne plus simple, plus mobile et plus efficace
que celui de 1829 (1).

(1) Voir, à ce sujet, pour plus de détails, l'Exposition du
système et la relation des expériences auxquelles il a donné
lieu, dans le livre publié en 1849-1850, par M. le capitaine
d'artillerie Favé, officier d'ordonnance du Président de la

En résumé, le système proposé consiste, d'après l'auteur :

« 1° A réduire la charge du boulet de 12 du tiers au quart du poids du boulet ;

» 2° A réduire le poids de la pièce actuelle dans le même rapport que la charge ;

» 3° A placer la bouche à feu nouvelle sur l'affût de 8 actuel ;

» 4° A tirer dans cette bouche à feu, soit le boulet plein à la charge du quart, soit l'obus de 12 centimètres avec une charge que l'expérience déterminera et qui pourra être proportionnellement plus forte que celle des obus actuels ;

» 5° A n'avoir pour l'artillerie de campagne qu'une bouche à feu, *le canon-obusier de* 12, un affût et trois projectiles, y compris la boîte à balles. »

La réduction de la charge du tiers au quart n'est pas adoptée arbitrairement, mais d'après les résultats d'expériences déjà anciennes et l'exemple donné depuis longtemps par l'artillerie autrichienne. Cette réduction tend à se généraliser, car elle est adoptée depuis plusieurs années en Hollande.

Ce qui paraît avoir surtout déterminé l'auteur à adopter pour la charge la proportion du quart du poids du boulet, c'est l'observation d'un fait remar

République, sous le titre : *Nouveau système d'artillerie de campagne, par Louis-Napoléon Bonaparte ; résultats des expériences faites en* 1850, etc.

quable constaté par les expériences faites à Metz avec le pendule balistique, de 1846 à 1850. C'est que la charge de la pièce de 12, réduite du tiers au quart du poids du boulet, ou diminuée d'*un quart* de son propre poids, diminue seulement la vitesse initiale du projectile d'*un dix-septième*.

La charge du tiers, ou 2 kilogrammes, donne 491 mètres de vitesse initiale par seconde.

Et celle du quart, 1 k. 50, donne 462 mètres de vitesse initiale par seconde.

Ces deux vitesses diffèrent seulement de 29 mètres ou un dix-septième.

Cette faible diminution a pour conséquence nécessaire le fait suivant d'une grande importance :

Un boulet de 12, partant avec une vitesse initiale de 500 mètres par seconde, n'en a plus qu'une de 450 mètres à 86 mètres de distance de la bouche à feu (1). De là on peut conclure qu'un boulet de 12, avec une vitesse initiale de 491 mètres, en aura une de 462 mètres à 50 mètres de la bouche à feu.

D'où il résulte que si l'on tire deux boulets de 12, l'un à la charge du tiers, l'autre à la charge du quart (mais en se portant dans le deuxième cas à 50 mètres en avant de la première position du canon), les courbes ou trajectoires parcourues par les deux projectiles seront les mêmes.

(1) *Introduction à la mécanique industrielle*, par Poncelet.

Cette diminution de 50 mètres dans la trajectoire est bien compensée par l'économie de poudre, laquelle s'élèvera à un quart de celle consommée actuellement.

A cet avantage de la nouvelle bouche à feu on peut ajouter celui qu'elle possède d'être supérieure en portée et en justesse à celle de 8 à toutes les distances.

Le tracé de la nouvelle bouche à feu diffère un peu de celles en usage. (Planche 80 K.) Ainsi :

La longueur d'âme est réduite de 17 calibres à 14,6, ce qui paraît sans inconvénient, vu la réduction de la charge. Des expériences faites en l'an xi avec des canons de 6 variant de 10 à 21 calibres de longueur, semblent confirmer cette hypothèse, car elles ont montré que les portées commençaient à diminuer seulement au-dessous de 14 calibres, et que de 14 à 17 les résultats variaient peu (1).

L'axe de la bouche à feu a été rapproché de celui des tourillons (2), ce qui, dans le tir, diminue, d'après la théorie, le choc sur la vis de pointage, et fatigue moins l'affût.

Le centre de gravité a été rapproché de la culasse, afin d'augmenter la stabilité de la bouche à feu dans le tir.

(1) *Cours d'artillerie*, par M. le général Piobert.
(2) Elle est de 2 mill. au lieu de 9 mill., comme **dans le** canon de 8, et de 10 mill. dans celui de 12.

Le poids de la nouvelle bouche à feu, d'abord de 650 kil., a été réduit à 620 kilogrammes.

Enfin les proportions de la nouvelle bouche à feu ont été calculées de manière qu'elle puisse être placée sur l'affût de 8 du système actuel.

La pièce nouvelle pèse 620 kil.; les tourillons, les embases, les anses, le bouton de culasse ont les mêmes dimensions que dans le canon de 8. La distance de l'axe des tourillons au milieu de la partie inférieure de la plate-bande de culasse est la même que pour le canon de 8, de sorte que l'affût de cette dernière bouche à feu a pu servir à la nouvelle.

L'auteur du système proposait de tirer dans la nouvelle bouche à feu le boulet et l'obus, parce que l'adoption de cette idée pour l'artillerie de campagne procurait l'avantage précieux d'employer, dans chaque cas, toutes les bouches à feu d'une batterie pour produire un effet déterminé. Cela était alors impossible avec les batteries mixtes, composées de canons et d'obusiers, bouches à feu dont les propriétés sont différentes ; car si l'on avait besoin de tirer des projectiles creux, les canons étaient peu utiles ; s'il fallait des boulets, les obusiers devenaient inutiles. Cette double propriété donnée à toutes les bouches à feu de campagne devait donc réaliser une amélioration importante dans leurs effets.

L'idée de tirer des obus dans les canons n'est pas récente, elle remonte à plusieurs siècles. Elle reparut au dernier siècle, car le général Andréossy fit quelques expériences à ce sujet en 1793, à la charge d'un tiers du poids de l'obus. Un des motifs qui paraissent avoir empêché de mettre à profit ces expériences était la mauvaise qualité de la fonte, car les obus se brisaient souvent. Mais aujourd'hui, les progrès de la métallurgie ont fait disparaître cet inconvénient, et rien n'empêche de tirer des obus avec de fortes charges, comme l'a proposé l'auteur du système, car l'obus à balles de 12 résiste à une charge de 1 k. 958 ou 1/3.

Dans le système d'artillerie proposé par Napoléon III, une seule bouche à feu, le *canon-obusier de* 12, devait remplacer les canons de 12 et 8 ainsi que les obusiers de 15 et 16 centimètres qui entraient dans la composition des batteries de campagne. De là :

Un seul affût au lieu de deux, ceux de 8 et de 12;

Un seul boulet de 12 au lieu de deux, ceux de 8 et de 12;

Un obus de 12 au lieu de deux, ceux de 15 et 16 centimètres;

Une boîte à balles au lieu de quatre, celles des canons de 8, 12, et celles des obusiers de 15 et 16 centimètres;

Un obus shrapnell au lieu des deux de 8 et de 12;

Une charge pour boulet, boîte à balles et shrapnell, au lieu de six, nécessaires au système actuel.

Tous les hommes de guerre comprendront les avantages qu'une pareille simplification devait entraîner.

Tous ces avantages perdraient beaucoup de leur valeur si les moyens de transport étaient augmentés dans le nouveau système. Il n'en a pas été ainsi. On n'a rien changé au nombre actuel des voitures et des coffres à munitions, dont le chargement a été réglé de manière que le poids ne nuisît pas à leur mobilité.

Ainsi, le système d'artillerie de campagne proposé en 1849 par S. M. l'Empereur peut se résumer en deux mots : *Simplification de l'artillerie de campagne sans diminuer son efficacité.*

Ce système a été soumis au comité de l'artillerie en 1850, lequel, après un examen approfondi, a proposé à M. le ministre de la Guerre de faire des expériences comparatives entre les quatre bouches à feu de campagne actuelles et le canon-obusier de 12.

Cette proposition fut adoptée par M. le ministre de la Guerre, et les expériences ont eu lieu en 1850, conformément au programme arrêté par le comité d'artillerie.

Le programme a réglé avec soin toutes les mesures à prendre pour réunir les éléments nécessaires à une comparaison complète des deux systèmes, et a classé les expériences en trois catégories :

1° Celle relative à la justesse du tir ;

2° Celle relative aux effets des projectiles ;

3° Celle relative à la résistance des affûts.

Toutes ces bouches à feu étaient neuves ; leurs affûts étaient neufs aussi.

Les expériences ont eu lieu dans les quatre écoles d'artillerie de Vincennes, Metz, Strasbourg et Toulouse.

A la suite de ces expériences et de celles qui eurent lieu en 1851, le *canon-obusier de* 12 fut adopté le 1er janvier 1853, pour remplacer dans les batteries de divisions les canons de 8 et l'obusier de 15 centimètres ; mais on conserva le canon ancien de 12 et l'obusier de 16 centimètres pour les batteries de réserve.

Le canon de 8, alésé au calibre de 12, a été transitoirement substitué, en 1853, au canon-obusier dans les batteries à cheval, sous le nom de *canon-obusier léger de* 12 ; il pèse 537 kil.

Le but en blanc des deux bouches à feu est 400 mètres.

Ainsi, le système simple de l'empereur Napoléon III a été remplacé par un plus complexe, qui comprend :

4 bouches à feu. { Un canon de 12 (*ancien*).
Un canon-obusier de 12.
Un canon-obusier léger de 12 (1).
Un obusier de 16 centimètres.

(1) Transitoirement.

2 affûts . . . . . .
- Un affût pour canon-obusier de 12.
- Un affût pour canon de 12 et obusier de 16 centimètres.

6 projectiles . . .
- Un boulet de 12.
- Un obus de 12.
- Un obus shrapnell de 12.
- Une boîte à balles de 12.
- Un obus de 16 centimètres.
- Une boîte à balles.

5 charges . . . .
- 2,0   pour le boulet de 12 ancien.
- 1,400   pour le boulet de canon-obusier de 12 et son obus à balles.
- 1,0   pour l'obus du canon-obusier de 12 et sa boîte à balles.
- 1,0   pour le boulet de canon-obusier léger de 12, son obus à balles, son obus et sa boîte à balles.
- 1,500   (grande) pour l'obus de 16 centimètres et la boîte à balles.
- 0,750   (petite) pour l'obus de 16 cent.

Telles sont aujourd'hui les bouches à feu qui composent les batteries de campagne.

Le système d'artillerie de l'empereur Napoléon III, dont j'ai été des premiers à reconnaître les avantages (1), a été glorieusement inauguré et a justifié les espérances de son auguste auteur, car les batteries divisionnaires de l'armée d'Orient, qui ont puissamment contribué aux victoires de l'Alma,

(1) Voir le *Moniteur de l'armée*, numéro du 5 janvier 1850, et le *Moniteur universel* des 22 et 23 mars 1851.

d'Inkermann et de la Tschernaïa, étaient exclusivement composées de canons-obusiers de 12.

Nous terminerons ici cette exposition des *OEuvres
militaires* de l'empereur Napoléon III. Elle suffira
évidemment pour rendre manifestes aux yeux de
tous, non-seulement les connaissances militaires
de Sa Majesté, mais encore les perfectionnements
pratiques qu'elle en a déduits pour l'accroissement
de la puissance militaire de la France.

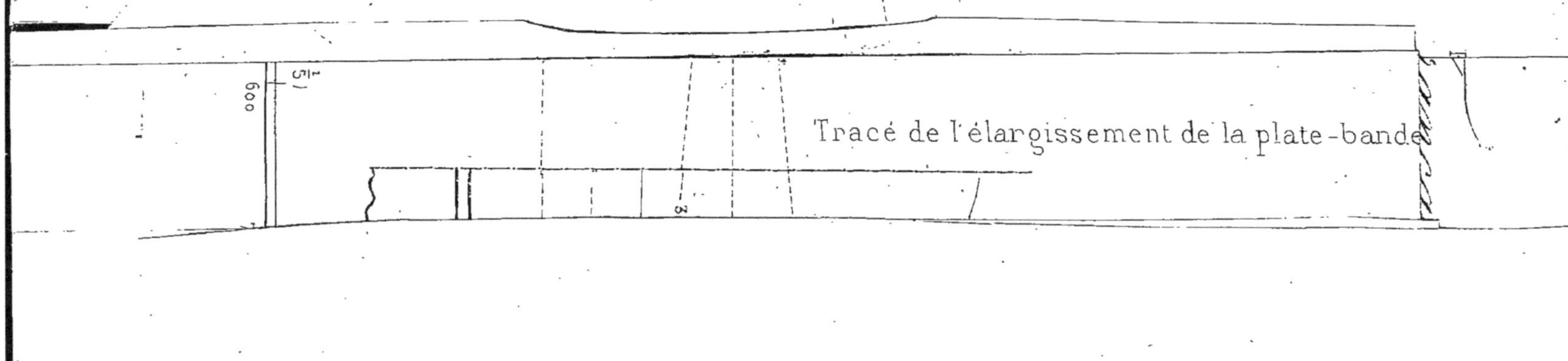
Tracé de l'élargissement de la plate-bande
600
1/5
3

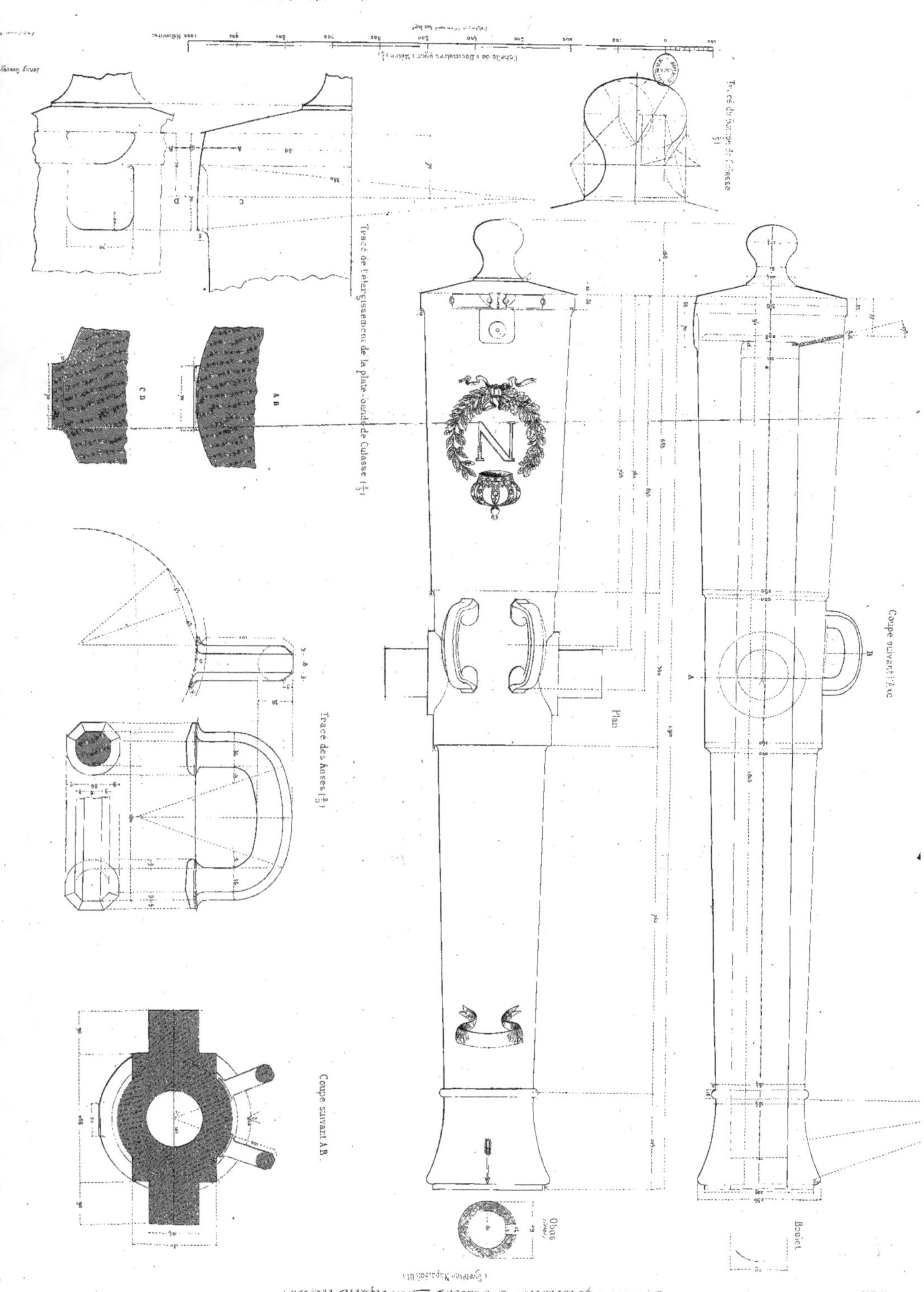